AF498042

COMPLÉMENT

DES

RECHERCHES HISTORIQUES

SUR

VERSAILLES.

DÉPENSES EFFECTIVES

DE

LOUIS XIV,

EN BATIMENS,

AU COURS DU TEMPS DES TRAVAUX,
ET LEUR ÉVALUATION, AU COURS ACTUEL,

D'APRÈS DES DOCUMENS AUTHENTIQUES;

PARTICULIÈREMENT

CELLES DE VERSAILLES.

Par l'Auteur des Recherches historiques
sur cette Ville.

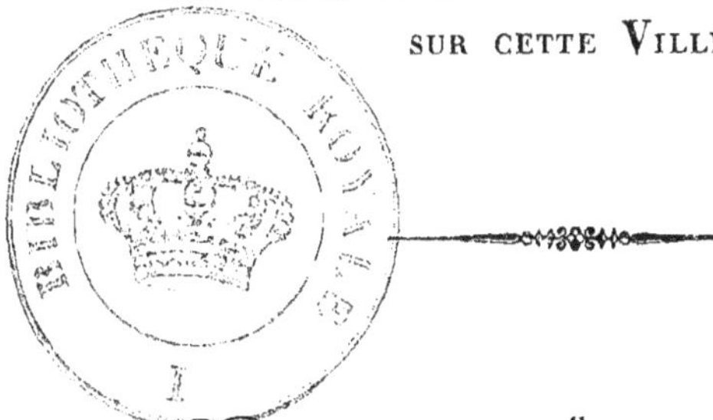

Versailles,

CHEZ DUFAURE, IMP., RUE
DE LA PAROISSE, 21.

Paris,

CHEZ DENTU, LIBRAIRE,
AU PALAIS ROYAL.

1838.

AVIS.

L'OUVRAGE que M. Ossude, ancien secrétaire des Archives de la Couronne, vient de publier, renferme un chapitre intitulé : *Les dépenses du grand règne, en bâtimens, réduites à leur taux réel et effectif, d'après des documens officiels.* Ce titre, l'emploi de l'auteur et son esprit juste et éclairé sembleraient annoncer que sur cette matière, si long-temps controversée, nous avons enfin un guide assuré pour l'histoire. Il n'en est pas ainsi. Cependant, j'aurais gardé plus

long-temps le silence, si des instances réi-
térées ne m'eussent forcé à le rompre, surtout pour discuter l'évaluation de ces dépenses au cours actuel. M. Ossude dira sans
doute de l'écrit suivant : « On voit encore,
« par cet exemple, combien l'homme le
« mieux intentionné est susceptible d'er-
« reurs, et comment il lui arrive souvent de
« s'égarer en faisant les plus grands efforts
« pour trouver la vérité. » Puisse-t-il, en
m'appliquant cette judicieuse observation,
donner à cette partie de son ouvrage toute
l'exactitude désirable.

ECKARD.

DÉPENSES EFFECTIVES

DE LOUIS XIV,

EN BATIMENS,

ÉVALUÉES AU COURS ACTUEL.

LES recherches que j'ai tentées aux Archives de la Couronne pour établir l'importance des sommes employées par Louis XIV, en bâtimens, principalement à Versailles, ont suggéré à M. Ossude, toujours attaché à cette administration, l'heureuse idée de consulter les registres et les documens que ce dépôt recèle, afin d'apporter des nouvelles lumières dans une question historique aussi intéressante.

La comparaison qu'il a faite de ses travaux avec les écrits qui ont été publiés à ce sujet par Guillaumot et plusieurs autres, l'a conduit à examiner les différens jugemens que de nombreux écrivains ont porté sur ces dépenses.

C'est le résultat de ses opérations , précédé d'observations sur ces jugemens , qu'il a présenté dans son ouvrage qui a pour titre : *Le Siècle des Beaux-Arts et de la Gloire , ou la Mémoire de Louis XIV justifiée des reproches odieux de ses détracteurs.*

M. Ossude n'a pas voulu ajouter d'épisode au magnifique tableau que l'historien de ce monarque a retracé d'un siècle où les armes, les lois, l'administration, le commerce, les lettres, les sciences et les arts semblaient rivaliser pour couvrir la France d'une gloire immortelle. Il a eu presque uniquement pour but de montrer combien sont calomnieuses diverses imputations qui ont été hasardées contre ce règne à jamais mémorable. C'est pourquoi la *Revue* qu'il en a faite ne comprend effectivement que les principaux auteurs qui se sont livrés , soit à une critique outrée de quelques événemens, ou particularités de la vie de ce prince , soit à une évaluation absurde des dépenses dont il s'agit, soit, enfin, à en exposer une fixation la plus approximative, fruit de laborieuses investigations.

Préoccupé de son idée , M. Ossude paraît

croire que les diverses questions agitées ont toujours été résolues par la haine, par la prévention, ou sans examen, dans le sens le plus défavorable au grand Roi. Il y a inadvertance et oubli de sa part; puisque, dans le *Siècle de Louis XIV*, Voltaire, sans dissimuler les fautes, a souvent combattu et victorieusement, les détracteurs de ce monarque : lui-même, en y applaudissant, en a cité des exemples. Depuis, d'autres historiens ont fait justice des accusations et des reproches amers que des ennemis de la vérité et de la gloire de ce prince ont empruntés aux écrits des économistes, aux *Mémoires* long-temps enfouis du frondeur Saint–Simon et aux libellistes étrangers, dont les uns et les autres ne sont parfois que les échos. Mais il est vrai que M. Ossude a réfuté plus vivement et par de nouveaux et de puissans moyens la plupart de ces détracteurs, ainsi que plusieurs écrivains modernes qui, sans conviction et guidés par des motifs d'intérêt, par opinion politique et tous par un esprit systématique de dénigrement, ont, à la légère, répété ces calomnies, et même à la tribune. En outre, il a donné des développemens curieux sur plusieurs points historiques, et il s'est livré à des digressions qu'on lira avec le plus vif intérêt.

Maintenant, je viens aux opérations financières de l'ouvrage. C'est elles que j'annonçais lorsque, rendant compte des dernières tentatives que j'avais faites aux Archives de la Couronne afin d'y obtenir des renseignemens pour la *Réfutation* de Lemontey (*), et qui furent infructueuses, j'écrivis : « Je me retirai, non « sans avoir remarqué dans les bureaux que, « depuis mes premières démarches, on s'y était « livré à un grand travail destiné à être mis sous « les yeux du roi Louis-Philippe, et à lui offrir « un tableau général et circonstancié de toutes « les dépenses de Louis XIV, en bâtimens; « ce qui était cause de mon insuccès..... » « Quoiqu'il en soit, si, comme on doit l'espé- « rer, les travaux des Archives venaient à être « mis au jour, je me réserve d'y jeter aussi « un *coup-d'œil* (**). »

(*) *Lettre à M. Jules Taschereau*, 1836, in-8º.

(**) Coup-d'œil sur l'ouvrage de M. Vatout, intitulé: *Souvenirs historiques du palais de Versailles;* 1837, in 8.º, pag. 24 et 31.

Ainsi, malgré ses réticences à cet égard, c'est en vérifiant les registres confiés à ses soins que M. Ossude a été à même de reconnaître ce que Guillaumot, le premier, M. Peignot et d'autres moins favorisés que lui, avaient déjà démontré, que les déclamations proférées contre les utiles et brillans travaux ordonnés par Louis XIV ont toujours été ridiculement exagérées. Il y a constaté que les dépenses, pendant les vingt-sept années où ces travaux ont été le plus considérables, n'ont pas excédé celles énoncées dans les *Observations* de cet architecte. Mais pour compléter son entreprise, outre qu'il s'est appuyé, comme il le dit, sur les *Comptes du trésor* (*), il n'est pas douteux qu'il était aussi environné de beaucoup d'autres renseignemens à lui réservés. C'est donc de cette suite, restée incertaine, qu'on aura beaucoup à s'occuper.

Après avoir invoqué le témoignage du sa-

(*) Comptes rendus *de l'administration des finances du royaume de France, pendant les onze dernières années du règne de Henri IV, le règne de Louis XIII, et soixante-cinq années du règne de Louis XIV;* par Mallet, premier commis des finances. Paris, 1789, in-4°. C'est l'édition citée par M. Ossude.

vant M. Peignot et l'autorité de l'illustre auteur de la vie de Fénélon, en faveur des
Observations, M. Ossude s'exprime en ces termes : « Si l'ouvrage de Guillaumot a laissé
« peu de traces après lui, c'est que l'auteur a
« survécu peu de temps à sa publication....
« ...... Le moment est venu de le faire re-
« vivre (*). Je vais donc mettre sous les yeux
« du lecteur, les divers tableaux des dépen-
« ses contenues dans le mémoire de 1801.
« Comme ce mémoire offre deux lacunes, la
« première de 1661 à 1664, la seconde de
« 1691 à 1715, année de la mort du grand
« roi, je comblerai ces lacunes avec les docu-
« mens fournis par les *Comptes rendus du tré-*
« *sor;* en sorte qu'on aura le montant réel et
« effectif de la dépense totale des bâtimens
« sous le règne de Louis XIV. »

(*) Les *Observations* de Guillaumot, mort en 1807,
avaient paru en l'an ix (1801), et furent le sujet d'une
longue et vive polémique dans les journaux; elles sont
extraites d'un volume, registre spécial des dépenses des
bâtimens tenu par Marinier, sous les ordres de Colbert.
Les *Mémoires* de Marinier fils, précis du travail fait par
son père, ont été insérés dans la *Revue rétrospective*,
1.re série, tome ii. M. Ossude a quelquefois confondu le
volume, registre spécial, avec les *Mémoires;* ceux-ci ont

Voici le premier de ces tableaux.

« TABLEAU GÉNÉRAL

« DE LA DÉPENSE TOTALE DES BATIMENS, « AU 17.ᵉ SIÈCLE.

« *De 1661 à 1664 exclusivement.*

	liv.	s.	d.
« Comptes rendus du trésor.. 4,298,436	10	7

« *De 1664 à 1690.*

« ETAT GÉNÉRAL de la dé-
« pense des bâtimens, sui-
« vant les états arrêtés des
« *Comptes au vrai.*

« *Mémoire de Marinier,* publié
« par *Guillaumot*......... 153,282,827 10 5

Total....... 157,581,264 1 »

« *De 1691 à 1716.*

« Comptes rendus du trésor. 57,074,129 11 1

« Total général.... 214,655,393 12 1

été publiés depuis, avec d'autres documens, dans les ETATS, AU VRAI, *de toutes les sommes employées par Louis XIV aux créations de Versailles, Marly, etc.;* 1836, in-8º. Les états des dépenses, par année, ont été

Suit un tableau général de la dépense des bâtimens, *par année*, depuis 1661 jusqu'en 1716, dont le total est élevé à la même somme.

Le premier tableau, celui si rapide de la DÉPENSE TOTALE , exige une discussion et des explications : car, en pareille matière, lorsque l'auteur s'en dispense , les lecteurs ne peuvent accueillir, de confiance et sans examen , des opérations aussi importantes ; surtout, celles qui concernent la dernière période , non explorée jusqu'à présent, et, moins encore, l'évaluation des dépenses , au cours actuel.

Et d'abord, les 2,493,436 liv. 10 s. 1 d., portés au premier article, Comptes rendus du trésor, sont admis.

Néanmoins, il est certain qu'antérieurement à 1664, époque à laquelle Colbert fut nommé surintendant général des bâtimens, on payait sur les fonds de cette administration des dépenses qui lui étaient étrangères. Cette con-

aussi recueillis par le cardinal de Bausset, *Vie de Fenélon*, 1817 ; par M. Auguis, *Notes sur le Siècle de Louis XIV*, 1824 ; et plus encore par M. Peignot, *Documens curieux et authentiques* , 1827. Ces différens ouvrages contiennent d'amples éclaircissemens sur les *Observations* de Guillaumot.

fusion cessa dès qu'il eût prescrit à Marinier père, l'un de ses premiers commis, de tenir le registre spécial dont on a parlé, et sur lequel étaient reportées par *chapitres*, ou nature d'ouvrages, et *par année*, toutes les sommes distinctement employées aux constructions et aux somptuosités de Versailles et de ses dépendances, ou de monumens à Paris et dans les provinces.

A l'égard des dépenses pendant les vingt-sept années de 1664 à 1690, elles sont inscrites au registre spécial de Marinier, aux Comptes du trésor, et elles ont été vérifiées à la Chambre des comptes ; elles sont donc incontestables.

C'est ce registre qui a appartenu à Guillaumot, et dont il a extrait les différens états de dépenses contenues dans ses *Observations;* M. Ossude a résumé ces états, dans son tableau général de la dépense totale, à................ 153,282,827   12   3

liv. s. d.

Mais, suivant les comptes de Mallet, ou du trésor, dont nous avons fait un relevé très-

A reporter.... 153,282,827 12 3

                                              liv. s. d.

       Report.... 153,282,827 12   3
exact, il n'a été payé pendant
le même temps que......... 147,353,545   »   »

   Ainsi, en 1691, il y avait
un arriéré de............. 5,929,282 12   3

M. Ossude n'a pas constaté cette différence essentielle, quoique, à quelques francs près, elle eût déjà été remarquée par Guillaumot; les lecteurs sont priés de se souvenir de cet arriéré.

De 1691 à 1716, les Comptes du trésor portent pour les dépenses en bâti-   liv. s. d.
mens, *selon M. Ossude*...... 57,074,129 11   1

Ce mode de les présenter en masse a pu être toléré pour les années antérieures, parce que Marinier fils et Guillaumot en ont donné des tableaux suffisamment détaillés, que M. Ossude a reproduit sommairement. Mais, ici, que les élémens de ces dépenses ne sont pas connus et qu'il est nécessaire de les vérifier, ce mode n'aurait pas dû être encore suivi.

En effet, pour lui allouer une somme aussi

considérable, il ne suffit pas de l'énoncer en une seule ligne et d'alléguer que les travaux en bâtimens ont été continués depuis 1690, pendant la guerre et jusqu'en 1715. Il aurait fallu, comme Marinier et Guillaumot, et même plus explicitement, offrir un compte par nature d'ouvrages, par année, et indicatif des lieux où les travaux ont été effectués ; d'autant que des objections sérieuses militent contre cette assertion. Et de fait, Marinier fils, contemporain et employé dans les bureaux, assure, au contraire, que, « depuis 1690 les dépenses en bâ- « timens ont été retranchées par Sa Majesté, à « cause de la guerre ; » c'est, dès les premières lignes de ses *Mémoires*, qu'il le dit à Mansart à qui ils sont dédiés, à Mansart, alors surintendant des bâtimens. Aussi, ce qui confirme la discontinuation des travaux, c'est qu'on ne trouve inscrit, à l'année 1690, que des sommes très-modérées à chacun des chapitres des constructions ; et il termine le XIV.ᵉ par cette phrase : « Pendant la guerre que les tra- « vaux ont cessé, Sa Majesté a fait des pensions « aux principaux ouvriers de la manufacture « des Gobelins. »

Il y a plus ; l'allocation des dépenses par le seul motif qu'elles sont énoncées dans les Comptes du trésor, ne pourrait s'appliquer qu'aux cinq années 1691 jusques et compris 1695, puisque encore ici, nonobstant l'assertion de M. Ossude, ces Comptes, que j'ai sous les yeux, ne vont pas au-delà de cette époque. Comparons-les avec les dépenses portées en son état.

	DÉPENSES.	COMPTES DU TRÉSOR.
Années.	liv.	liv.
1691	1,730,992	1,730,992.
1692	1,486,462	1,486,462.
1693	1,465,438	1,465,438.
1694	1,582,867	1,582,867.
1695	2,034,048	2,034,048.
Totaux	8,299,807	8,299,807.

Une telle conformité entre les dépenses et les paiemens, *par année*, étonne à une époque où la guerre absorbait toutes les ressources. On ne la voit dans aucune des années précédentes ; même au temps de Colbert, où l'infériorité des paiemens, d'usage en fait de travaux, a occasionné l'arriéré qu'on a signalé.

D'après cet exposé, on voit
que sur les sommes versées par
le trésor.................... 8,299,807 » »
   On a soldé l'arriéré....... 5,929,282 12 3

liv. s. d.

Opérer autrement, comme
M. Ossude, c'est faire un double emploi, puisqu'il a porté
les 153,282,827 liv. 10 s. 5 d.
pour avoir été entièrement
payés dès 1690.
   L'excédant.............. 2,370,524 7 9

A été employé pendant les cinq années à des
ouvrages dont l'achèvement était indispensable. En outre, la confusion de dépenses étrangères aux bâtimens, qui avait disparu sous le
ministère de Colbert, s'y introduisit de nouveau
pendant les dernières années de ce siècle.

Ensuite, que sur les dépenses de 1691 à 1716,
que l'on nous annonce avoir
été de.................... 57,074,129 11 1
   On prélève celles de 1691 à
1695, allouées ci-dessus.... 8,299,807 » »

Il restera pour les dépenses
présumées des vingt années
1696 à 1716.............. 48,774,322 11 1

Ici, naissent deux questions.

Où, et quand ces travaux ont-ils été exé-
cutés?

Sur quels fonds ont-ils été payés?

La première est appuyée sur ce qu'on ne
connaît de nouvelles constructions à Versailles,
que la chapelle du château, commencée après
la guerre, en 1699, et consacrée en 1710;
et sur ce que les monumens publics, ou les
autres résidences royales, n'ont pas reçu d'augmentation de quelque importance pendant l'intervalle de ces vingt années. On n'en trouve
même aucun indice réel dans l'ouvrage de
M. Ossude.

Quant à la seconde question, l'on a vu,
contrairement à l'assertion de cet écrivain,
que les comptes du trésor ne comprennent de
dépenses pour les bâtimens (comme pour toutes les autres parties du service) que jusqu'en
1695. D'ailleurs, Mallet nous apprend que
« les comptes des recettes et des dépenses
« pour les années 1696, 1697, 1698, 1699
« et 1700, n'ayant pas été rendus, il a laissé
« ces années en blanc. » Son silence est ab-

solu sur les dépenses qui ont pu être effectuées postérieurement.

Enfin, puisque la discrétion de M. Ossude laisse le champ libre aux conjectures de ses lecteurs, ces 48,774,322 livres n'auraient-elles pas encore été détournées, au moins en partie, de leur affectation spéciale? Et, pour le surplus, n'ont-elles servi à payer que les dépenses annuelles d'entretien, appointemens, gages d'employés et autres de cette nature? L'idée serait singulière de cumuler ces frais avec les sommes dépensées pour l'établissement de monumens ou des autres résidences royales! Mais alors il faudrait, par une juste compensation, établir les avantages immenses qui sont résultés de ces constructions pour l'industrie, le commerce et les arts, et, surtout, pour l'augmentation des revenus de l'Etat. A l'égard de Versailles et Marly, leurs domaines ont produit annuellement en lods et ventes, coupes de bois, fermages, etc., des sommes plus considérables que les frais dont il est question.

M. Ossude répondra, sans doute, à toutes ces objections; mais n'eût-il pas mieux valu

les prévenir, en exposant à ses lecteurs les motifs de sa conviction ?

Il est donc évident que ce sont les Archives
de la Couronne, interdites à tout autre, qui
ont fourni à M. Ossude des renseignemens
pour la dernière partie de son travail. L'exactitude historique exigeait qu'à défaut du témoignage des comptes du trésor qu'il invoque,
on insistât sur cette conjecture, que favorise
sa qualité d'ancien secrétaire des Archives;
autrement, on pourrait croire « qu'il lui a été
« plus facile de faire des suppositions que des
« calculs exacts. »

Mais, puisque les Archives lui ont procuré
les moyens de suppléer aux comptes de Mallet, pourquoi, entr'autres exemples, n'y a-t-il
pas cherché des détails exacts sur les sommes
employées aux constructions et aux ornemens
de la chapelle du château de Versailles? Il dit
qu'il y a exagération dans un tableau très-
anciennement fait de leurs dépenses, que
Jeanson, architecte du roi en cette résidence,
a communiqué à Vaisse de Villiers, et dans
lequel elles sont portées à 3,260,341 liv. 19 s.
Il croit que, dans les grandes constructions,

la proportion ordinaire entre la maçonnerie et
la charpenterie est tout au plus de 10 à 1 ; ce
qui est sujet à beaucoup d'exceptions (*). En
effet, la charpenterie de cette chapelle, du
grand péristyle et de l'immense salon qui la
précèdent, ne peut être mise en comparaison
avec celle des autres parties du château, tant
à cause de son grand développement, soit à
l'intérieur, soit encore plus à l'extérieur, surtout dans la partie en contrebas du côté et
dans la cour donnant sur la rue des Réser-
voirs, qu'à cause de l'élévation du dôme en
bois choisis et d'une grande portée ; et enfin,
à raison de la durée des travaux pendant plus
de dix ans. C'est le jugement d'habiles archi-
tectes, entr'autres de M. Guignet, qui, du-
rant nombre d'années, l'a été des bâtimens
du roi, à Versailles (**). L'auteur dit encore
que l'article *sculpture* lui paraît aussi exagéré.
En sorte qu'au moyen des réductions qu'il
propose, sans les motiver en connaissance de

(*) *Voyez* ces articles dans les *Documens curieux et
authentiques.*

(**) M. Ossude a demeuré dans cette ville.

cause, il resterait à peine, suivant lui, deux millions et demi, du temps, pour la dépense totale de cette chapelle. Des critiques aussi vagues montreraient que le secours des Archives lui ayant manqué sur ce monument et sur quelques autres points, M. Ossude a été réduit à ses conjectures.

Maintenant, il s'agit de vérifier l'évaluation que cet auteur a faite de toutes les dépenses, *au cours actuel;* évaluation qui est l'objet principal de cet écrit.

Guillaumot suppose que, pendant toute la durée des travaux, le taux de l'argent a été de 26 livres le marc, moitié de 52 *francs*, valeur de son temps (1801); et il s'est borné à doubler toutes les sommes, en déclarant que cette appréciation doit être réduite d'un neuvième. Ce mode ne peut être adopté; s'il l'était, l'évaluation des 153 millions, en valeur du temps (ou 306 millions, par le doublement), formant le total de son état général, n'atteindrait que 270 millions, au cours actuel, pour toutes les dépenses, tant à Versailles qu'à Paris et dans les provinces, pendant les vingt-sept années de 1664 à 1690.

De Villiers, sans faire connaître les bases de ses calculs, évalue à quatre cent millions, *francs*, au cours actuel, les sommes qu'il porte à environ 90,000,000 *livres*, valeur du temps, pour les dépenses de Versailles pendant les vingt-sept années et pour la chapelle. C'est la proportion d'un à près de quatre et demi ; mais il a démenti son système, en réduisant ses bases à moitié dans la seule application qu'il en a faite : ce qui, depuis, a excité mon attention. « Si quelque écrivain, disais-je en « 1837, était disposé à soutenir cette évalua- « tion, comme j'ai eu le tort de le faire dans « les *Recherches historiques sur Versailles*, « il ne citerait, à l'appui de son opinion, que « des faits isolés et sans importance (*). »

(*) M. Ossude paraît croire que je préfère le *Relevé* de Jeanson, communiqué à de Villiers, aux *Etats* de Guillaumot ; il y a ici une double inadvertance. D'abord, je n'ai mis le *Relevé* en comparaison avec les *Etats* que pour montrer que le premier mérite quelque confiance, vu qu'il était classé parmi les renseignemens des bâtimens du roi, et parce que presque toutes les sommes y sont identiques à celles des *Etats*. Ensuite, j'ai adopté les évaluations de De Villiers jusqu'à ce que j'eusse reconnu qu'elles étaient beaucoup trop élevées ; je l'ai même imprimé dans le paragraphe qu'on vient de lire,

Cependant les évaluations de M. Ossude dépassent encore celles de De Villiers ; voici sur quoi il les fonde (*).

« D'après les chroniques et les statistiques « du temps, dit-il, sur la fin du 17.ᵉ siècle, le « prix des bonnes terres, semées en blé, va- « riaient de 150 à 170 livres l'arpent. La loca- « tion de ces mêmes terres ne rapportait que « 5 à 6 livres également par arpent. Le prix « du septier de blé, en temps ordinaire, était « de 50 sols à 3 livres. La location des cham- « bres à Paris, offrait pour taux annuel commun, « 20 à 25 livres. Enfin, le salaire des ouvriers « était à peine de 7 à 8 sols par jour. »

L'auteur n'a appuyé d'aucune autorité les principales bases de son système, et il n'indique point où l'on pourrait recourir pour en con- naître les élemens. Avant de se livrer à leur discussion, il faut jeter les yeux sur quelques unes de ses assertions particulières.

et qui n'était pas ignoré de M. Ossude avant la publica- tion de son ouvrage. Il est vrai qu'il reconnaît que « je « n'ai pas eu à ma disposition tous les documens qui « pouvaient m'éclairer. »

(*) *Préface*, p. XVI et suiv.

« Madame de Sévigné (on cite textuelle-
« ment) assure dans ses lettres qu'avec six
« mille livres elle pourvoyait à toutes les dé-
« penses de sa maison. Cependant, cette dame
« voyait beaucoup de monde, recevait chez
« elle de hauts personnages. Elle avait équi-
« page et un nombreux domestique. Défra-
« yerait-on, aujourd'hui, à Paris, une mai-
« son ainsi montée avec moins de 5o mille
« francs? »

M. Ossude serait, peut-être, embarrassé de
nous montrer dans le Recueil des lettres de
cette dame, celle dont il appuie son opinion.
Il a, sans doute, voulu parler d'une lettre,
souvent citée, de madame de Maintenon à la
comtesse d'Aubigné, sa belle sœur, et dont
on va extraire ce qui est relatif à notre sujet.

« Versailles, samedi soir, 1678.

» Voici, ma chère sœur, un projet de dépenses...
« que j'apprends à la Cour.... et que j'exécuterois,
« si j'étois hors de la Cour.

« Vous êtes douze personnes, monsieur, madame,
« trois femmes, quatre laquais, deux cochers et
« un valet-de-chambre.

« Pour la dépense de bouche, 16 liv. 13 s. par
« jour; 5oo liv. par mois; par an . .   6,ooo liv.
  « Pour loyer de maison 1,ooo
  « Pour vos habits. 1,ooo
  « Pour gages et habits des gens . .   1,ooo
  « Pour les habits, l'opéra et les ma-
« gnificences de monsieur 3,ooo
                                        ─────────
                                        12,000

  « Tout cela n'est-il pas honnête?
  « En lisant ce projet, peut-être me trouverez-
« vous avare.
  « Essayez-en, et l'on vous trouvera très-magni-
« fique (*). »

On a vu que, d'après M. Ossude, il faudrait aujourd'hui 5o,ooo fr. pour défrayer une
maison ainsi montée. Il suffit de faire observer
qu'en cette occasion, il a supposé, au hasard,
que les valeurs du 17.ᵉ siècle sont à celles
actuelles comme 1 est à 8 1/3.

(*) Edition d'Amsterdam, 1756, in-12.
Cette lettre contient sur le service de la table et sur le
ménage des détails curieux, et qu'on a retranché dans
plusieurs éditions. Voici les objets dont M.ᵐᵉ de Maintenon indique le poids et le prix : viande, 5 sols la livre;
sucre, 11 sols; chandelle, 8 sols ; bougie, 1 liv. 10 sols.
On peut les comparer avec les prix actuels.

Quant à la location des chambres, à Paris,
« au taux annuel commun de 20 à 25 livres, »
une telle exception ne mérite pas qu'on s'y
arrête. Mais si l'auteur voulait recourir aux
Documens curieux et authentiques de M. Peignot, il y trouverait *pag.* 96, qu'en 1665, le
trésorier des bâtimens du Roi, « a payé
« 540 livres à trois boursiers du collége royal
« pour leur logement pendant trois années,
« attendant que le collége de France fut bâti. »
Ce qui donne 60 livres par année pour la
chambre de chaque boursier, et non 20 à
25 livres :

M. Ossude conclut en ces termes :

« Toutes ces données paraissent certaines
« et ne permettent pas de douter que, vers le
« milieu du 17.ᵉ siècle, le rapport de la va-
« leur de l'argent à cette époque, comparée à
« celle de nos jours, était dans la proportion
« de 1 à 8. Cependant, il convient de prendre
« une moyenne proportionnelle pour toute la
« durée du grand règne, et de supposer que
« les dépenses faites alors se trouvent avec
« celles qui se feraient maintenant dans la pro-
« portion de 1 à 6. Il résulterait de cette base

« définitivement arrêtée , que les dépenses de
« Louis XIV, en bâtimens, lesquelles se sont
« élevées dans l'espace de 55 années, à près
« de 215 millions, valeur du 17.ᵉ siècle, re-
« présentent environ 1 milliard 3oo millions
« de notre monnaie actuelle. »

Toutes ces assertions sont hypothétiques :
on doit donc, dans l'intérêt de la vérité, et
même afin de prévenir quelque perfide récri-
mination, s'empresser de démontrer combien
elles sont erronées.

Revenons aux bases principales de M. Ossude, et qui sont effectivement celles de la
question.

Le prix du setier de blé,
La valeur du marc d'argent, } au 17.ᵉ siècle.
Et le salaire des ouvriers,
Comparés à ceux de nos jours.

Sur la première base, que le prix du setier
de blé, en temps ordinaire, était de 5o sols
à 3 livres, on lui opposera *l'Histoire financière de la France* (*), dans laquelle l'auteur,

(*) *Histoire financière de la France, depuis l'origine de
la Monarchie jusqu'à la fin de* 1786, *etc.;* par M. A. Bailly,
inspecteur général des finances , 183o. Deux vol. in-8.º;
Paris , Didot , rue Jacob.

M. Bailly, a posé un principe incontestable ;
c'est que, « parmi les denrées, le blé tenant
« la première place, comme étant de toutes
« la plus indispensable, il est celle dont le
« prix devient le régulateur de la valeur des
« autres. » Cet ouvrage, devenu classique,
est tout-à-fait spécial pour nos opérations.

Or, dans le tableau, tome II, pages 302 et
303, on voit que sous le règne de Louis XIV,
le prix moyen du setier de blé de 240 livres,
poids de marc, a été :

Depuis 1662 à 1683, de 12 fr. 84 c.,

Et depuis 1684 jusqu'en 1715, de 17 fr.
62 c.,

Ou, de 15 fr. 23 c., moyenne proportionnelle, pour les deux périodes ;

Ce qui donne cinq fois le prix auquel
M. Ossude a porté, au plus haut, la valeur du
setier de blé, vers la fin du 17.e siècle.

Il faudrait remonter jusqu'à l'année 1540,
pour trouver le même setier de blé à 3 fr.

Cet exposé est suffisant pour démontrer que
quelques faits isolés ne peuvent atténuer les
règles générales consacrées dans un ouvrage
qui est le produit d'une grande expérience et

le résumé des meilleures statistiques (*) ; et que, conséquemment, toutes les autres assertions de M. Ossude relatives aux prix des « bonnes terres semées en blé » et à leur location, sont absolument inadmissibles.

Ainsi, le terme moyen du prix du setier de blé, pendant les deux périodes, étant de 15 fr. 23 c., et celui d'aujourd'hui de 31 fr. 75 c., ils correspondent comme 1 à 2 fr. 135 ^{m}.

Le même tableau de l'*Histoire financière de la France* va nous fournir les moyens d'opérer le rapport de la valeur du setier de blé à celle du marc d'argent, pendant les mêmes périodes, et de les comparer avec celle du temps actuel.

De 1662 à 1683, le prix du marc d'argent fin était de 29 liv. 10/100.e, et le prix moyen du setier de blé de 12 liv. 84/100e. — Le setier étant de 240 livres, poids de marc, 100 livres tournois représentaient donc alors 7 setiers 180 livres de blé.

Aujourd'hui, le prix du marc d'argent fin étant de 53 fr. 75 c., et le prix moyen du

(*) M. Bailly indique les documens authentiques et nombreux qui lui ont servi, pour ses tableaux synoptiques.

setier de blé de 31 fr. 71 c., les 100 livres tournois ci-dessus ne pourraient être représentées, comparativement au cours de cette denrée, que par une somme de 247 fr.

De 1684 à 1715, le prix du marc d'argent fin était de 35 liv. 55/100.ᶜ, et le prix moyen du setier de blé de 17 liv. 62/100ᵉ. — Le setier étant de 240 livres, 100 liv. tournois représentaient donc alors 5 setiers 160 livres de blé.

Aujourd'hui, d'après les prix du marc d'argent fin et du blé, établis ci-dessus, 100 liv. tournois de cette époque ne pourraient être représentés que par une somme de 180 fr.

RÉSUMÉ.

De 1662 à 1683 : 100 liv. tournois représentent de notre monnaie............... 247 fr. » c.
De 1684 à 1715 : 100... *idem*... 180 »

———————————

Total...... 427 »

Partant : la moyenne comparative à notre monnaie, de 100 liv. tournois, de 1662 à 1715, est de... 213 50

———————————

La livre tournois d'alors correspond donc à........................ 2 fr. 135ᵐ actuels.

Ainsi, la différence apparente du prix des denrées n'est, en réalité, que la conséquence de la plus ou moins grande abondance du numéraire.

A l'égard du salaire des ouvriers, que M. Ossude prétend n'avoir été que de 7 à 8 sols par jour, il aurait été désabusé sur ce point s'il eut consulté, à la bibliothèque du Louvre, un *Devis manuscrit des ouvrages pour les bâtimens du roi*, au temps de Colbert (*). Il y aurait trouvé un aperçu des prix de la main-d'œuvre et de certains objets d'art, au cours du temps. On va reproduire plusieurs articles de ces prix, et l'on mettra en regard ceux de nos jours.

DEVIS.	Prix du temps.	Prix actuels.
« Appareilleurs, les plus forts.	2 l. 5 s.	6 fr. » c.
« Piqueurs	1 5	4 »
« Poseurs de pierres.	1 12	4 25
« Limousins, les meilleurs . .	1 »	3 25
« Maçons	1 10	4 25
« Manœuvres. . . . . 12 à . . .	14	2 25

« Les troupes étaient chargées des travaux de « terrassement. » (**).

(*) *Souvenirs du palais de Versailles*, p. 35.

(**) On voudrait revenir à ce moyen contre lequel on s'est long-temps récrié.

Comparativement , les salaires ont donc triplé, tandis que le prix du blé n'a guère dépassé le double.

Voici des objets dont le prix a beaucoup diminué.

« GLACES DE LA MANUFACTURE DE PARIS.

MÊME DEVIS.	Prix du temps.	Prix actuels.
« 14 pouces de hauteur. .	10 liv.	8 fr. 30 c.
« 28 pouces	60	58 »
« 37 pouces	230	127 »
« 40 pouces	425	163 »

On a supposé que les glaces ont autant de largeur que de hauteur ; si elles étaient moins larges , la réduction serait plus considérable. En outre , on sait que des matières premières, ainsi que des produits de l'art ou de l'industrie , et usuels , sont à présent à-peu-près aux mêmes prix qu'à la fin du 17.e siècle.

Il résulte de ces différentes opérations :

1.° Que le prix moyen du blé pendant l'intervalle de 1662 à 1715, correspond à celui actuel comme 1 à 2 fr. 135 ^{m}.

2.° Que la valeur moyenne de la livre tournois d'alors correspond également à 2 fr. 135 ^{m}. actuels.

3.º Que les prix des salaires et de la main-d'œuvre pendant le même intervalle, sont à ceux d'aujourd'hui, comme 1 est à 3.

4.º Et que la moyenne de ces prix et valeurs ne monte pas à deux et demi.

Néanmoins, et pour éviter les fractions, cette moyenne sera la base de nos évaluations.

Pour faire l'application de ces données incontestables, il convient de fixer le montant effectif, *au cours du temps*, des dépenses dont il s'agit.

Selon le tableau que M. Ossude a présenté, le

	liv.	s.	d.
total général s'élève à.	214,655,393	12	1

Mais il faut en retrancher, comme n'étant pas compris

dans les comptes du trésor . .	48,774,322	11	1

Ainsi, les dépenses justifiées

sont de.	165,881,071	1	»

Il faut y joindre celles de la chapelle du château de Ver-

sailles.	3,260,341	19	»

TOTAL GÉNÉRAL effectif, *au*

	liv.	s.	d.
cours du temps	169,141,413	»	»

Correspondant , *au cours*

fr.   c.

actuel , à. 422,853,522   5o

Mais on y réunirait, à raison de 2 fr. 5o c., par livre tournois, les dépenses d'établissement, et non les frais d'entretien, etc., depuis 1690, dont cet écrivain constaterait l'emploi.

Si la justification comprenait la totalité des 48,774,322 liv. 10 s. 1 d., qu'on a retranchés, il faudrait ajouter pour leur valeur, au cours actuel,

fr.   c.

une somme de 111,935,807   8o

Qui, avec le total ci-dessus,

de 422,853,522   5o

Formeraient un total général définitif, *au cours actuel*, de. . 534,789,33o   3o

L'évaluation de M. Ossude s'élève, d'après ses hypothèses, à un milliard trois

fr.

cents millions. 1,3oo,ooo,ooo

Celle que nous avons justi-fiée, ou discutée, à 544,799,44o

Différence. . . . 755,2oo.56o

Sept cent cinquante-cinq millions deux cent mille cinq cent soixante francs.

Pouvait-on se dispenser de relever une pareille différence?

Je soumets ces observations à M. Ossude. Elles témoignent des soins que j'ai apportés pour répondre à l'appel qu'il m'a fait, dans notre dernier entretien, de résoudre la question qu'il a soulevée sur l'évaluation des dépenses dont il s'agit. Il n'est pas douteux qu'après avoir complété les résumés satisfaisans que Marinier et Guillaumot nous ont laissés de la majeure partie des sommes qui y ont été employées, il jugera que son mode de les évaluer l'a entraîné trop loin, et qu'il le rectifiera. Quelle que soit sa réplique à mes objections motivées, j'aurai présenté un tableau réel et effectif de toutes les dépenses de Louis XIV, en bâtimens, *au cours du temps*, et leur évaluation comparée, *au cours actuel*, d'après des documens positifs et irrécusables.

Pour épargner aux lecteurs le soin de rechercher dans les *Mémoires* de Marinier, les *Observations* de Guillaumot, ou les *Etats, au vrai*, ce qu'ils désireraient savoir sur le montant, *au cours du temps*, des dépenses de chaque établissement jusqu'en 1690, on a extrait de ces écrits les tableaux suivans.

1664 à 1690.

Chapitres.

		liv	s.	d.
I. Versailles, Trianon, Clagny, machine de Marly, travaux de la rivière d'Eure et leurs accessoires, ci-après détaillés par chapitres et par année.		87,537,989	4	4
II. Saint-Germain-en-Laye. . . .		6,455,561	18	»
III. Château de Marly.		4,501,279	12	3
IV. Fontainebleau.		2,773,746	13	5
V. Chambord.		1,225,701	16	5
VI. Le Louvre et les Tuileries. . .		10,608,969	4	5
VII. Arc de triomphe Saint-Antoine .		513,755	11	1
VIII. Observatoire, à Paris		725,174	4	8
IX. Hôtel royal des Invalides . . .		1,710,532	4	6
X. Place Vendôme, Capucines . .		2,062,699	9	4
XI. Le Val-de-Grâce.		370,283	12	9
XII. Annonciades de Meulan. . . .		88,412	10	1
XIII. Canal du Languedoc		7,736,555	19	4
XIV. Les Gobelins et la Savonnerie . .		3,645,943	5	1
XV. Manufactures des Provinces. . .		1,979,990	9	»
XVI. Pensions et gratifications aux gens de lettres.		1,707,148	13	4
XVII. Académies comprises en l'article précédent.				
TOTAL.		133,643,544	14	10

Il faut y joindre les dépenses pour les grands ouvrages d'argenterie et autres à Versailles, et résultant de la différence qui existe entre les *états particuliers* ci-dessus et l'état général, *par année*. . . 19,639,282 14 5

XVIII. Ce chapitre est l'état général des dépenses, *par année*, suivant les états finaux et arrêtés des comptes, *au vrai;* il monte à 153,282,827 9 3

Le Résumé suivant est essentiel pour connaître la situation des finances pendant la durée des travaux indiqués dans le tableau qui
précède.

*REVENUS ordinaires de l'État et produits extraor-
dinaires sous Louis XIV, de 1661 à 1688, d'après
les Comptes généraux du Trésor, par Mallet.*

Années.   liv.
1661.   84,222,096
        et progressivement jusqu'à
1688. 114,190,159   liv.
  Formant un total de. 2,949,131,428
  Les produits extraordinaires, créations de
rentes, d'offices et autres moyens pendant les
vingt-huit années, se sont élevés à.   369,178,107
  Moyenne : 13,184,952 liv.

                    TOTAL GÉNÉRAL. 3,318,309,535

Dont la moyenne est de 118,511,055 liv.

VERSAILLES

ET SES DÉPENDANCES.

Sous ce nom, Versailles, on a toujours compris le château, le parc, les jardins, et les monumens construits par Louis XIV en cette résidence, ainsi que Trianon, Clagny, le château et la machine de Marly. Tous étaient, par leur contiguïté et par de continuels rapports administratifs et judiciaires, considérés comme des annexes de la royale demeure, et, comme tels, placés sous le même gouvernement. D'ailleurs, les sommes employées par ce monarque à ces différentes créations et aux travaux de la rivière de l'Eure, ayant toujours été, sans distinction, le sujet des reproches les plus sévères que ses détracteurs ont adressés à sa mémoire, ce rapprochement est indispensable. A l'égard de l'effectif des dépenses,

Marinier et Guillaumot ayant donné des notions suffisantes, par chapitres et par année, sur celles du château de Versailles et de chacun des principaux objets, on va en présenter le résultat et y réunir celui de la chapelle, dont ils n'ont pas connu les dépenses.

1661 à 1664 *exclusivement.*

Quoique M. Ossude ait annoncé, ce qui est vrai, que les travaux ont commencé à Versailles, en 1661, il n'en porte les dépenses qu'à partir de 1664; cependant, son tableau de celles générales remonte à 1662. Comme il ne distingue point pour quelles sommes ces travaux y sont compris, on est forcé d'employer ici la totalité de ce qui est porté

liv. s. d.

comptes du trésor. 4,298,436 10 7

Voy. à ce sujet l'observation *p.* 14.

1664 à 1690.

Pendant cet intervalle de temps les dépenses par chapitre d'ouvrages et par année, se sont élevés à. 81,151,414 9 2

Pour les tableaux, les étoffes précieuses, les ouvrages d'argenterie, les médailles, les

---

A reporter. . . 85,449,850 19 9

	liv.	s.	d.
Report. . . . 85,449,85o	19	9

appointemens relatifs aux tra-
vaux.   6,386,574   15   1

Pour les grands ouvrages
d'argenterie, statues, somptuosités et meubles payés par
le trésorier de l'argenterie. . .   19,659,282   15   5

On emploie cette somme
pour Versailles, parce qu'elle
ressort des indications données
par Marinier dans ses *Mémoires*, et parce qu'il est constant
que les grands ouvrages d'argenterie ont coûté environ dix
millions.

M. Ossude porte cette somme pour Compiègne et autres
maisons royales, pour achats
d'objets précieux, etc.

Château de Marly. 4,5o1,279   13   4

1699 à 1710.

Chapelle du château de Versailles, d'après l'ancien docu-
ment conservé par l'architecte
Jeanson . . . .   3,26o,341   19   »

A reporter. . . . 119,257,33o   2   7

Report. 119,257,330   2   7

Sur quoi, l'on doit tenir compte de la somme rentrée au trésor royal par l'envoi que Louis XIV fit à la Monnaie, de toute son argenterie et des meubles et effets orfévris, en juin 1689.   3,000,000   »   »

Ainsi, la totalité des dépenses, *au cours du temps*, est de.   116,257,330   2   7

Correspondant à 280,643,326 fr. 32 c., *au cours actuel*.

Auxquels on ajouterait, à raison de 2 fr. 50 c. par livre tournois, les dépenses réelles d'établissement, depuis 1690, autres que la chapelle, et conformément à ce qui a été dit aux dépenses générales.

DÉPENSES, PAR NATURE D'OUVRAGES.

Maçonnerie de Versailles et ses dépendances, compris Trianon, Saint-Cyr et les églises de Versailles, pendant lesdites vingt-

	liv.	s.	d.
sept années	21,186,012	4	1
Charpenterie et bois	2,555,638	1	5
Couverture.	718,679	16	9
Plomberie et achats de plomb. . . .	4,558,077	2	6
Menuiserie et marqueterie	2,666,422	2	»
Serrurerie et taillanderie.	2,289,062	3	9

A reporter.   33,971,891   10   6

Report.	33,971,891	10	6
Vitrerie.	300,878	10	9
Glaces et miroirs	221,631	1	6
Peintures et dorures, sans les achats de tableaux.	1,676,286	11	8
Sculptures, sans les achats des antiques .	2,696,070	6	9
Marbrerie et achats de marbre. . . .	5,043,502	5	8
Bronze, fonte et cuivre..	1,876,504	6	3
Tuyaux de fer, de fonte, compris ceux de la machine	2,265,114	15	8
Pavé, carreau et ciment.	1,267,464	13	»
Jardinages, fontaines et rocailles . . .	2,338,715	15	8
Fouilles de terre et convois.	6,038,035	1	10
Journées d'ouvriers	1,381,701	16	2
Diverses et extraordinaires dépenses . .	1,799,061	12	10
Châteaux de Clagny et Glatigny, dépendans de Versailles, sans les acquisitions de terres.	2,074,592	9	5
TOTAL.	62,951,450	17	8

Nota. Il y a environ 300,000 livres dépensées pour Clagny, qui sont confondues dans les dépenses de Versailles depuis l'année 1682.

Machine de Marly, sans les conduites et acquisitions.	3,674,864	8	8
Travaux de la rivière d'Eure et de Maintenon, sans les acquisitions. . . .	8,612,995	1	»
Remboursement de terres et héritages pour le château et dépendances de Versailles, sus-mentionnés.	5,912,104	1	10
TOTAL.	81,151,414	9	2

Semblable au total ci-après, par année.

AUTRES DÉPENSES POUR VERSAILLES.

Outre les grandes dépenses qui viennent d'être expliquées, il en a été fait beaucoup d'autres très-considérables pendant les vingt-sept années pour l'embellissement de Versailles et dites de Trianon.

Voici les plus considérables :

	liv.	s.	d.
Pour les achats de tableaux anciens et figures antiques de tous les grands maîtres	509,073	8	»
Pour les étoffes d'or et d'argent payées sur les fonds des bâtimens.	1,075,673	2	6
Pour les grands ouvrages d'argenterie, « outre ceux payés par le trésorier de l'argenterie ».	3,245,759	4	8

NOTA. *Tous ces grands ouvrages d'argenterie ont été portés à la monnaie pendant la dernière guerre.* (Juin 1689.)

	liv.	s.	d.
Pour le cabinet des médailles, cristaux, agathes et autres raretés, dont le Roi a acheté les six dernières années de ces mémoires, pour	556,069	»	»
Pour les appointemens des inspecteurs et préposés auxdits bâtimens et travaux de Versailles et ses dépendances, gratifications aux contrôleurs et autres, a été pendant lesdites vingt-sept années environ. .	1,000,000	»	»
TOTAL de ces dernières dépenses. . .	6,386,574	15	2
Et le total précédent.	81,151,414	9	2
TOTAL GÉNÉRAL des dépenses de Versailles.	87,537,989	4	4

Quatre-vingt-sept millions, cinq cent trente-sept mille, neuf cent quatre-vingt-neuf livres, quatre sols, quatre deniers.

DÉPENSES, PAR ANNÉE.

	liv.	s.	d.
1664.	834,057	2	6
1665.	783,673	4	0
1666.	526,954	7	0
1667.	214,500	18	0
1668.	618,006	5	7
1669.	1,238,375	7	0
1670.	1,996,452	12	4
1671.	3,396,595	12	5
1672.	2,800,718	1	5
1673.	847,004	5	10
1674.	1,384,269	10	3
1675.	1,933,755	8	1
1676.	1,348,222	10	10
1677.	1,628,638	11	4
1678.	2,622,655	3	10
1679.	5,677,331	17	0
1680.	5,839,761	19	8
1681.	3,854,382	2	0
1682.	4,235,123	8	6
1683.	3,714,572	5	1
1684.	5,762,092	2	8
1685.	11,514,281	10	10
1686.	6,558,210	7	9
1687.	5,400,245	18	0
1688.	4,551,596	18	2
1689.	1,702,055	10	0
1690.	568,101	11	1

Somme totale des dépenses du château de Versailles et dépendances 81,151,414 9 2

Quatre-vingt-un millions cent cinquante-un mille quatre cent quatorze livres, neuf sous deux deniers.

Semblable au total précédent, par chapitres.

On ne peut plus prétendre que les sommes

employées à Versailles excèdent celles portées
dans les différens tableaux qu'on vient de
présenter, et qu'il y en a eu de considérables payées sur des fonds secrets. Lemontey,
lui-même, a cité une lettre de Colbert à
Louis XIV, dans laquelle ce ministre dit :
« J'avoue à Votre Majesté que, nonobstant la
« répugnance qu'elle a d'augmenter les *comp-*
« *tants*, si j'avais pu prévoir que cette dé-
« pense eut été si grande, j'aurais été d'avis
« de l'employer en des ordonnances de *comp-*
« *tant* » (*). Heureusement que le monarque
s'y refusa. Autrement, on n'aurait plus de
moyen pour constater ces dépenses, et l'esprit
de parti, ou l'ignorance, aurait eu beau jeu à
les évaluer, comme on l'a fait, à des mil-
liards.

Enfin, ni les partisans de Lemontey, ni
aucun des exagérateurs, n'a répondu à l'objec-
tion que je vais reproduire.

Lemontey, dans sa *Notice sur Colbert*,
nous apprend qu'à la mort de ce ministre,

(*) On appelait ainsi des ordonnances qui n'indiquaient
pas les causes des sommes à payer. Louis XIV ne s'en
servait que pour les affaires secrètes de l'État.

les revenus ordinaires de l'état s'élevaient à
116,053,374 l. , les charges à 23,375,724 l. ;
en sorte que le trésor royal recevait
92,677,350 liv. En outre, les *Comptes du
trésor*, par Mallet, constatent que, depuis
1661 jusqu'à 1688 , les emprunts et les
autres ressources financières produisirent
369,178,107 liv. (*Voy*. page 40). Or, est-ce
avec les revenus qui ne s'étaient élevés à ce
point que progressivement et qui, avec les ressources, avaient, pendant le même temps, sup-
porté les dépenses de nombreuses armées , de
constructions de beaucoup de forteresses, de
vaisseaux, de ports et d'arsenaux considérables,
de chemins et de canaux ; est-ce que le trésor
qui à la mort de Colbert, se trouvait, assure
Lemontey, dans une situation prospère, aurait
pu subvenir encore à des dépenses, en bâtimens, qui auraient été portées à des sommes
aussi prodigieuses qu'il le prétend ?

POSTSCRIPTUM.

M. Ossude a enrichi son ouvrage d'un tableau général des dépenses annuelles des bâtimens, sous le règne de Louis XV : renseignement utile et inédit.

Le total général de ce tableau, qui comprend les sommes versées par le trésor dans la caisse du trésorier général des bâtimens, depuis 1717 jusqu'en 1774, année de la mort de ce prince, s'élève à 175,525,553 l. 19 s. 1 d.

Il fait observer que l'année 1751, sous le règne de Louis XV, correspond, pour le taux élevé des dépenses, à l'année 1685, sous le règne de Louis XIV. Comparons encore.

SOUS LOUIS XIV.	SOUS LOUIS XV.
Année 1685. 15,408,443 liv.	Année 1751. 8,072,300 liv.

L'évaluation comparée de ces deux sommes rendrait l'inadvertance bien plus évidente.